AF338895

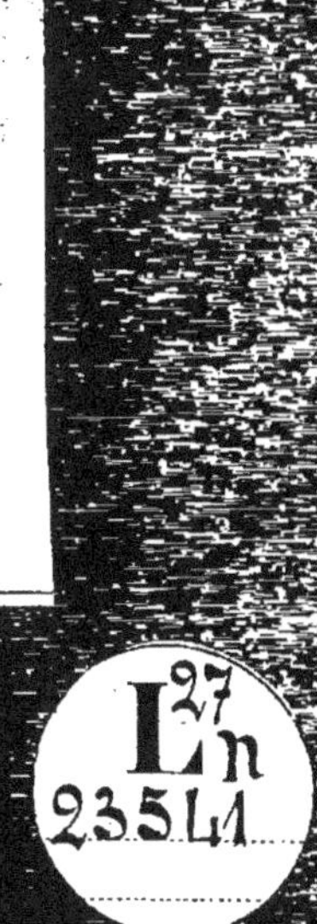

L. 27 n
23541

DISCOURS

PRONONCÉ

A WESSERLING, LE 9 DÉCEMBRE 1866

AUX FUNÉRAILLES

DE

FANNY DU BUIT, NÉE BLACHE

PAR

E. SAIGEY, pasteur

> Souviens-toi que Jésus-Christ, qui est de la race de David, est ressuscité des morts selon mon Évangile.
>
> 2 Tim., II, 8.

STRASBOURG

IMPRIMERIE DE VEUVE BERGER-LEVRAULT

1866

DISCOURS

PRONONCÉ

A WESSERLING, LE 9 DÉCEMBRE 1866

AUX FUNÉRAILLES

DE

FANNY DU BUIT, NÉE BLACHE

PAR

E. SAIGEY, pasteur

> Souviens-toi que Jésus-Christ, qui est de la race de David, est ressuscité des morts selon mon Évangile.
>
> 2 Tim., II. 8.

STRASBOURG

IMPRIMERIE DE VEUVE BERGER-LEVRAULT

1866

Chrétiens, mes très-chers frères!

N'avez-vous jamais, dans vos rêves d'avenir, souhaité d'atteindre aux années de la vieillesse, pour jouir dans un doux repos du bonheur de voir se presser autour de vous vos enfants et vos petits-enfants, s'efforçant tous, à l'envi les uns des autres, de vous procurer des jours pleins de calme, d'amour et de respect? Oh! qu'il est digne d'envie, l'aïeul dans une famille chrétienne! c'est à qui jettera le plus de fleurs sur la route, bien courte, hélas! qui lui reste encore à parcourir jusqu'à la tombe; c'est à qui viendra le mieux et le plus délicatement en aide à sa faiblesse; il est doucement porté sur les bras des siens; ses derniers jours s'écoulent en paix. Oh! qu'il est digne du respect de tous, l'aïeul chrétien dans la famille! autour de lui tous se réunissent; envers tous il se montre un bienveillant conseiller; tous ont une part égale dans ses affections: sa maison tout entière respire déjà la paix d'En-haut. Aussi qu'il est terrible, le moment du départ! la raison a beau parler, elle a beau dire que cette vie décline, que la mort arrive à grands pas; l'affection est là, le sentiment filial, qui rêvait l'éternité ici-bas, quand elle ne s'ouvre qu'après la tombe! C'est bien là ce que vous ressentez, ce que vous avez ressenti avant-hier soir, chers frères et sœurs en Jésus-Christ, quand vous a été enlevée cette bonne mère, à laquelle nous tous, nous venons dire aujourd'hui, au nom de l'Église qui la comptait au nombre de ses enfants, au nom de la société au milieu de laquelle elle avait vécu plus d'un demi-siècle, un dernier, un solennel adieu. Courbez-vous sous la main de Dieu, mais levez vos âmes en haut, et «souvenez-vous, comme vous y invite l'apôtre saint Paul, que Jésus-Christ, qui est de la race de David, est ressuscité des morts».

Fanny Blache naquit, vers l'année 1786, à la Grenade, l'une des petites Antilles; très-jeune, elle fut ramenée en Europe, où elle resta au sein de sa famille, d'abord à Vevey, dans le canton de Vaud, puis en Angleterre. Ce fut là qu'elle épousa Charles-François Du Buit, qui parvint, non sans courir bien des dangers, à conduire sa jeune femme sur le continent. Depuis presque 58 ans, elle habitait au milieu de nous, et tous connaissaient son inaltérable bonté. Mère de quatre enfants, qui l'ont entourée de soins tendres et affectueux et que le Seigneur lui a permis de voir réunis autour d'elle dans ses derniers moments, elle ne fut pas sans connaître les soucis et les chagrins inséparables de notre existence : son fils aîné et ses deux filles virent la mort visiter leur foyer domestique; son mari lui fut enlevé le 1er juillet 1855; onze ans après, elle devait le rejoindre. Une maladie, peu grave en elle-même, détermina un affaiblissement général; pendant un mois, elle alla s'éteignant de jour en jour plus vite; bien rares furent les moments où elle put rassembler les forces de son esprit; mais si nous n'avons pu l'entretenir souvent du Seigneur et de la puissance avec laquelle Il donne à ses fidèles la victoire sur la mort et la couronne de la félicité, nous savons qu'elle aimait à suivre les prières qu'on lui lisait, et ce ne fut pas sans que l'action mystérieuse de Dieu sur son âme l'y décidât, que jusqu'au dernier moment, elle joignait pieusement les mains. Elle nous a quittés à l'âge de 80 ans, laissant après elle le souvenir de sa bonté et vivement regrettée par tous ceux qui l'ont connue.

Mes Frères, en présence de cette mort enviable et douce auprès de tant d'autres, de cette mort couronnant une belle vieillesse, quand si souvent la jeunesse est brisée et flétrie dans sa fleur, méditons les paroles de l'apôtre que je vous rappelais tout à l'heure: «Souviens-toi que Jésus-Christ, qui est de la race de David, est ressuscité des morts, selon mon Évangile.» (2 Tim., II, 8.)

La mort est un effrayant visiteur, mes Frères. Hélas! qui parmi vous ne le sait par sa propre expérience, pour avoir perdu un parent, un ami, un enfant qui lui était cher? Rien ne résiste à sa puissance; les liens les plus étroits, les plus forts, elle les brise en un clin d'œil. Elle vous a épargnés quelque temps longtemps, peut-être; ah! ne vous imaginez pas que pour tout autant elle vous ait oubliés; au moment où vous ne l'attendez pas, elle arrive et saisit sa victime. Adieu alors les espérances, adieu les projets d'avenir! la parole inspirée du Sage se réalise dans toute son étendue: «Vanité des vanités!» tout dans la vie de l'homme, «tout n'est que vanité!» (Eccl., I, 22.)

Vous aviez cru, chers frères et chères sœurs en Jésus-Christ, vous aviez cru longtemps encore garder votre mère et la voir se réjouir de votre présence et de celle de ses petits-enfants qu'elle aimait tant, et la voilà couchée dans le cercueil ! — Mais non, elle n'y est pas ; seule sa dépouille mortelle est présente dans ce temple ; son âme, la meilleure partie d'elle-même, est ailleurs ; elle est au Ciel, et, de ce séjour de gloire, elle pense à vous, elle connaît votre douleur ; mais elle sait aussi, et elle en est heureuse, qu'un jour votre deuil se changera en allégresse, quand vos âmes, épurées par les épreuves de ce monde et vivifiées par la foi, iront où est allé Jésus le Ressuscité !

Oui, que ce soit là votre force, votre consolation ! La résurrection de Jésus est le triomphe du chrétien dans la douleur. Pour nous tous, mes Frères, cette résurrection est le garant de notre réconciliation avec Dieu. Si nous ne l'avions pas, cette résurrection, oh ! il ne nous resterait qu'à nous livrer au plus profond désespoir. Nous, pécheurs, tomber entre les mains du Dieu vivant ! A cette seule pensée, quel cœur ne se glacerait d'effroi ? car quels supplices seraient assez grands pour punir toutes nos désobéissances à la Loi de l'Éternel ? Est-il un seul jour, est-il une seule heure, un seul moment de notre vie où nous n'ayons un reproche à recevoir de notre conscience, un remords à dévorer ? Le souvenir du passé n'est-il pas poignant ? que ne voudrions-nous pouvoir effacer ? alors même que nous n'avons point à nous accuser de graves transgressions, nous en avons commis bien des petites, et nous aurons beau chercher à nous étourdir, une voix intérieure nous dit, avec la Bible, que « celui qui a péché dans un seul commandement est coupable, comme s'il les avait tous violés. » (Matth., V, 19.)

Mais « grâces à Dieu, qui nous a donné la victoire » et la délivrance « par Jésus-Christ »! (1 Cor., XV, 57.) Il s'est chargé de nos fautes, Il a offert en notre place le sacrifice que réclamait la justice de l'Éternel, et ce sacrifice, Dieu l'a accepté ; Il a manifesté, à quiconque se sert de ses yeux pour voir et de sa raison pour juger, son acceptation de cette substitution volontaire, par la résurrection de Celui qui était monté sur la croix du Calvaire et descendu au sépulcre. Cette résurrection est un fait certain, un fait inattaquable; l'Évangile qu'a prêché saint Paul, qu'il nomme *son* Évangile, l'Évangile qu'ont prêché les apôtres repose sur ce fait, comme sur sa pierre angulaire; c'est aussi le seul qui console le mourant, le seul qui console les parents, les amis, qui souffrent de son départ.

Oui, « souvenez-vous, vous tous, mes Frères, que Jésus-Christ, qui est de la race de David, est ressuscité des morts!» « Il a été livré à la mort pour nos offenses ; Il est ressuscité pour notre justification. » (Rom., IV, 25.) Tout ce qu'Il a fait, tout ce qu'Il a souffert, tout ce qu'Il a reçu de gloire, tout a été pour nous! Donnez-vous donc à Lui, donnez-Lui votre cœur, votre amour, votre foi! donnez-vous à Lui, avec l'innocence du petit enfant, avec sa sainte ignorance des « questions folles » (2 Tim., II, 23), dont se préoccupent les hommes! donnez-vous à Lui, pour recevoir un jour votre part de sa résurrection pour la vie, et pour ici-bas braver la mort, quand elle frappe autour de vous, avec le défi d'un saint Paul, s'écriant: « O mort, où est ton aiguillon ? ô sépulcre, où est ta victoire ? » (1 Cor., XV, 55.)

C'est à répéter ce cri, ce chant de triomphe, que je vous convie en ce moment, vous qui pleurez celle qui n'est plus de ce monde! Oui, vous pouvez verser des larmes, comme votre Maître à Béthanie; car les liens les plus doux que la terre connaisse viennent d'être brisés sur la terre; mais, dans vos larmes, soyez pleins d'allégresse : ces liens se renoueront un jour et subsisteront dès ici-bas déjà entre vos âmes; car « Jésus est ressuscité et il est devenu les prémices de ceux qui sont morts » (1 Cor., XV, 20). Devant ce cercueil, en présence de l'éternité dont le voile s'est encore une fois entr'ouvert, prenez, prenons tous l'engagement de vivre au Seigneur tant qu'il Lui plaira de nous laisser au monde, et, les yeux fixés sur Lui, et la prière dans vos cœurs, vous jouirez d'une consolation et d'une paix intérieure sans bornes! Qu'Il vous en donne Lui-même, ce Dieu de toute grâce, la volonté et l'exécution selon son bon plaisir! Amen!

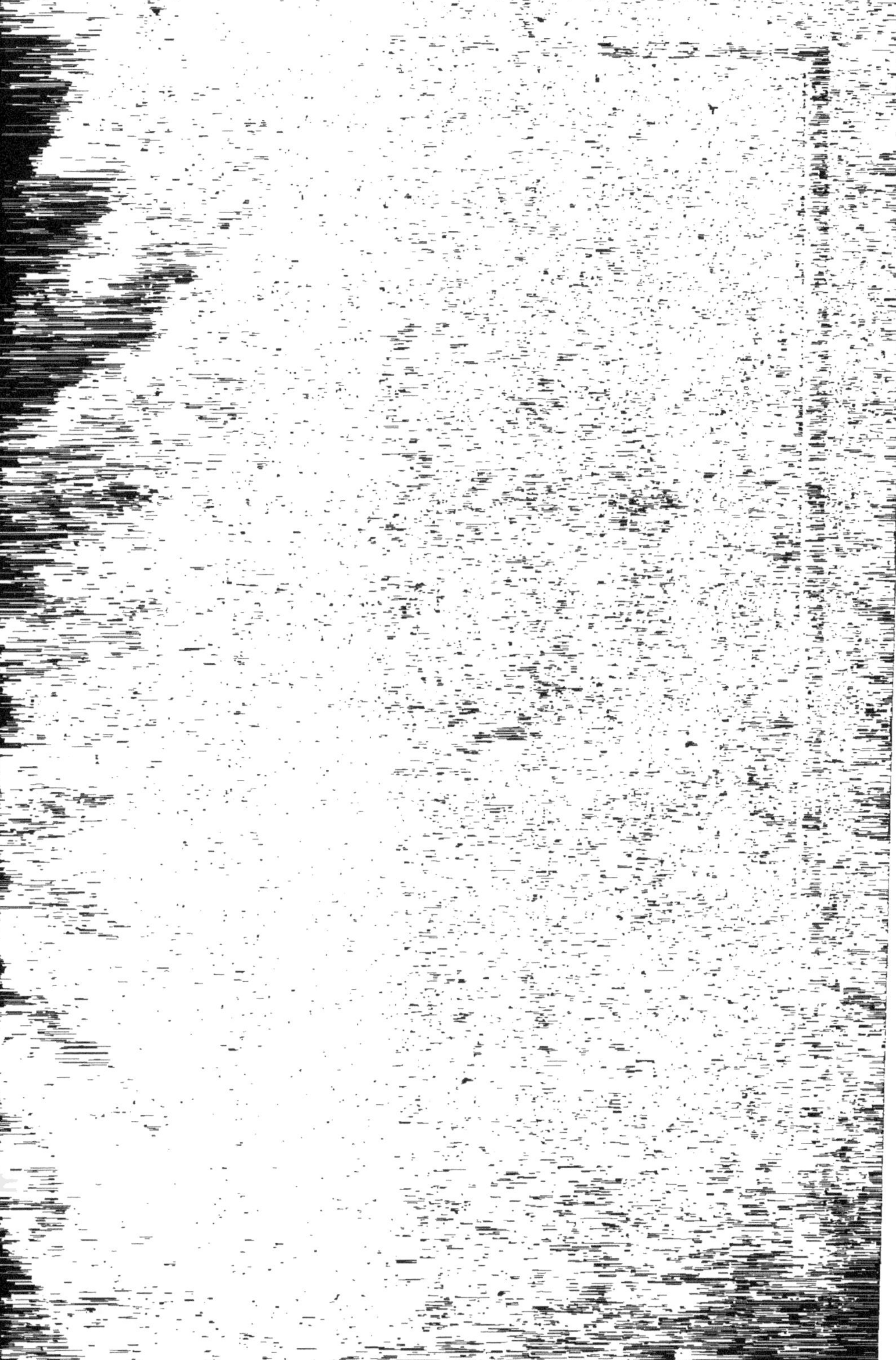

BIBLIOTHEQUE NATIONALE DE FRANCE

www.ingramcontent.com/pod-product-compliance
Lightning Source LLC
Chambersburg PA
CBHW061158050726
47594CB00008B/3468